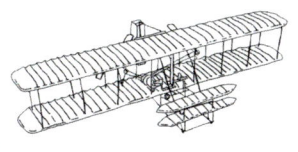  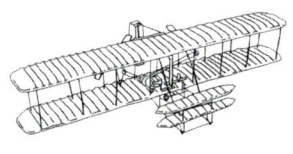  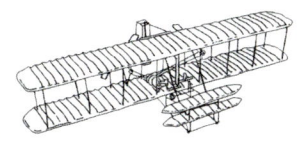

Stories of Great People
그레이트 피플

라이트 형제의 글라이더

글 게리 베일리 · 캐런 포스터
그림 레이턴 노이스 · 캐런 래드퍼드
옮김 김석희

밝은미래

 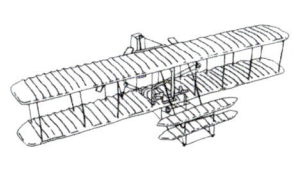 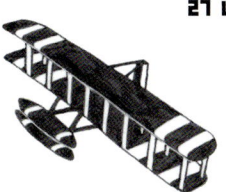 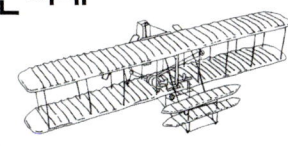  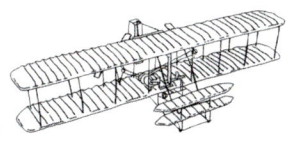

글

게리 베일리 캐나다에서 태어나 대학에서 역사학을 공부했으며, 중학교에서 학생들을 가르쳤습니다. 어린이를 위한 교양 도서를 주로 썼으며,
특히 역사와 과학에 관한 것이 많습니다. 지은 책으로 〈고대 문명〉〈동물들도 말을 한다〉〈365일 역사〉 등이 있습니다.

캐런 포스터 대학에서 임상심리학을 공부했습니다. 사람들이 당연하다고 여기는 것을 남달리 생각하기를 좋아합니다.
현재 포틀랜드에 살면서 미국 전역을 여행하는 걸 즐깁니다.

그림

레이턴 노이스 영국 캠버웰 칼리지에서 예술학을 전공하고, 이후 약 70권의 어린이 책에 그림을 그렸습니다.
날마다 더 나은 그림을 그리기 위해 항상 노력하는 일러스트레이터입니다.

캐런 래드퍼드 대학에서 일러스트레이션을 공부했습니다. 언제나 즐겁게 그림을 그리려고 노력하는 일러스트레이터입니다.

옮김

김석희 서울대학교 인문대 불문학과를 졸업하고 대학원 국문학과를 중퇴했으며, 1988년 한국일보 신춘문예에 소설이 당선되어 작가로 데뷔했습니다.
영어 · 프랑스어 · 일어를 넘나들면서 〈초원의 집〉 시리즈 〈모비 딕〉〈삼총사〉〈해저 2만 리〉〈로마인 이야기〉〈꽃들에게 희망을〉〈오즈의 마법사〉
〈이상한 나라의 앨리스〉〈하룬과 이야기 바다〉 등 2백여 권을 번역했고, 역자 후기 모음집 〈번역가의 서재〉와 귀향살이 이야기를 엮은
〈이 또한 즐겁지 아니한가〉 등을 펴냈으며, 제1회 한국번역상 대상을 수상했습니다.

그레이트 피플
라이트 형제의 글라이더

초판4쇄 발행 2020년 5월 22일
펴낸이 도승철 | **펴낸곳** 밝은미래 | **등록** 2005년 5월 2일 (제105-14-87935호) | **주소** 경기도 파주시 회동길 455-2 4층
전화 031-955-9550~3 | **팩스** 031-955-9555 | **홈페이지** http://www.bmirae.com
편집 송재우, 고지숙 | **디자인** 문고은, 강소리 | **마케팅** 김경훈 | **경영지원** 강정희
표지 및 본문 디자인 뭉클
ISBN 978-89-6546-085-5 74990 | 978-89-6546-090-9(세트)
© 2013 밝은미래

Copyright © 2010 Palm Publishing, LLC All rights reserved.
Korean Translation Copyright © 2012 by Minumin
Korean edition is published by arrangement through EYA.
이 책의 한국어 판 저작권은 (주) 민음인과 독점 계약한 밝은미래에 있습니다.
저작권법에 의해 한국 내에서 보호를 받는 저작물이므로 무단 전재 및 복제를 금합니다. 책값은 뒤표지에 있습니다.

사진 및 자료 : 원저작권사인 Palm Publishing사와의 협의 하에 생략합니다.

 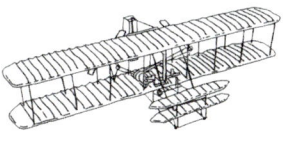  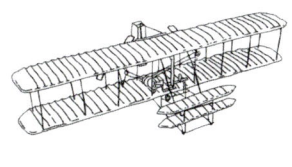  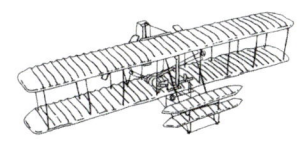

 차례

러미지 만물상	10
라이트 형제	13
어린 시절	15
놀라운 물건	16
비행의 역사	18
유능한 기계공들	23
초기의 항공기들	24
새처럼 날아라	27
좋은 소식	28
키티호크	31
비행기 완성하기	32
비행	35
시범 조종사들	36
성공 이야기	39
반론과 변론	40
어휘 사전 ｜ 찾아보기	41

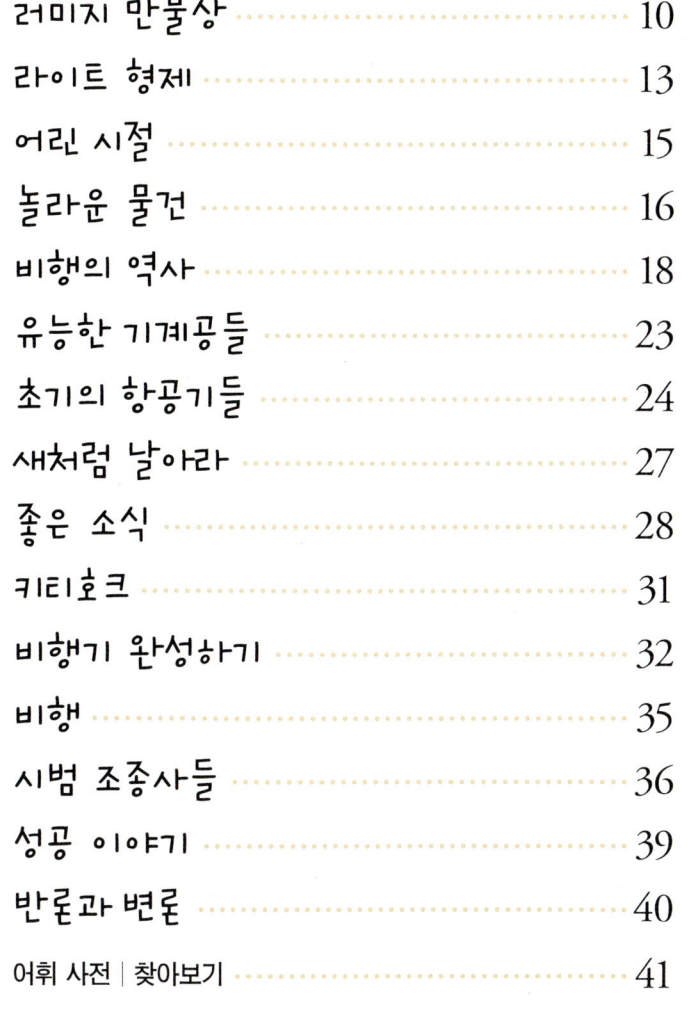
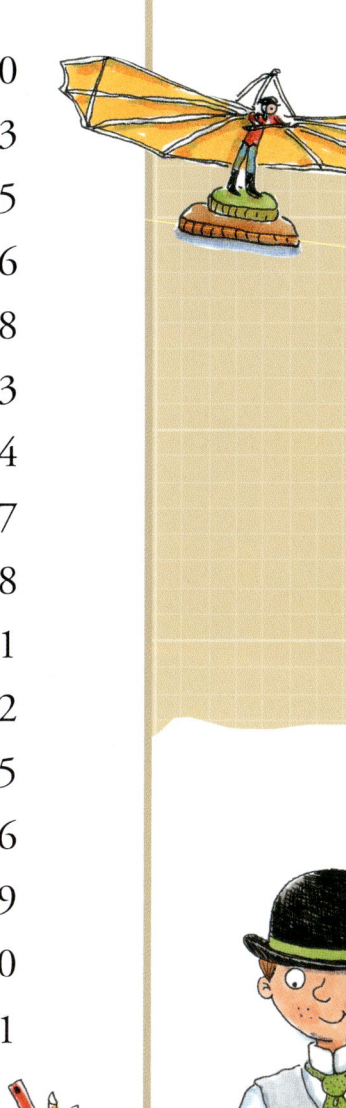

러미지 할아버지

골동품 가게 주인이다. 가게에는 저마다 재미난 사연이 얽혀 있는 물건들이 잔뜩 쌓여 있어 호기심을 자극한다.

디그비

보물 수집가 디그비는 토요일마다 러미지 할아버지의 골동품 가게에서 물건을 고르고, 새로 찾아낸 진기한 물건에 얽힌 사연을 듣는다.

한나

디그비의 누나로, 따지기를 좋아하는 열 살짜리 소녀. 러미지 할아버지가 하는 말은 한마디도 믿지 않는다.

폴록 아저씨

아저씨의 장난감 가게에는 꼭두각시 인형과 흔들 목마, 장난감 비행기, 목각 동물 인형 등이 가득하다. 모두 아저씨가 손수 만든 것들이다.

토요일 아침이면 벼룩시장은 와글와글 활기를 띤다. 장사꾼들은 해가 뜨기도 전에 벌써 자리를 잡는다. 사람들이 잠자리에서 일어날 때쯤이면 좌판이 차려지고, 상자가 열리고, 물건들이 꼼꼼하게 진열된다.

시장 곳곳에 물건들이 수북이 쌓여 있다. 벨벳 천 위에는 귀한 브로치와 보석이 박힌 단검이 있다. 그 뒤에는 유명한 인물들의 초상화가 그려진 커다란 액자, 반들반들한 천에 장식 술이 달린 등잔, 옛날식 세면대가 있다. 이 세면대에 물을 부으면 금이 간 틈새로 물이 뚝뚝 떨어진다. 온종일 상자 속에서 주인을 기다리는 물건들도 있다. 멋진 무공 훈장이 한 줄로 나란히 걸려 있고, 가죽끈 달린 회중시계가 째깍째깍 소리를 내며, 특별한 날 쓰는 은수저와 포크와 나이프가 반짝반짝 빛을 낸다.

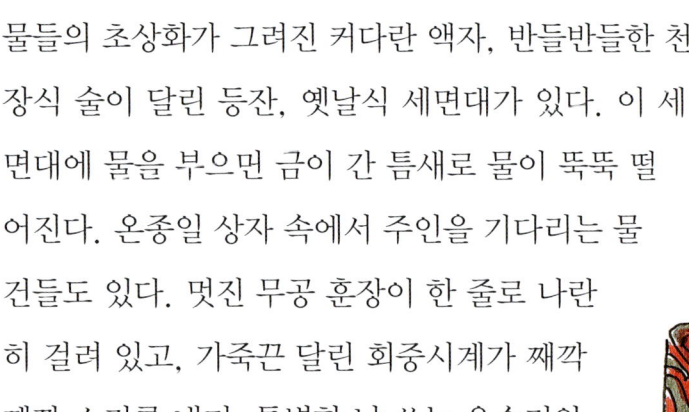

하지만 러미지 할아버지의 가게는 뭔가 좀 다르다. 러미지 만물상에는 아무도 갖

고 싶어할 것 같지 않은 온갖 이상한 물건들이 한 가득 쌓여 있다.

배가 빵빵한 생쥐 인형을 누가 갖고 싶어할까? 세상에 부러진 주머니칼이나 틀니 한 쌍을 사려는 사람도 있을까?

그런데 러미지 할아버지는 이런 물건들을 모두 갖고 있다. 그리고 여러분도 이미 예상하고 있겠지만, 값도 별로 비싸지 않다!

여덟 살짜리 골동품 수집가 디그비 플랫은 친하게 지내는 러미지 할아버지를 만나러 벼룩시장에 갔다. 토요일이었고, 일주일에 한 번씩 받는 용돈은 거의 바닥나서, 주머니에 구멍이 다 뚫릴 지경이었다.

하지만 디그비는 시장에서 파는 아무 물건에나 용돈을 쓸 생각은 없었다. 그건 말도 안 되는 일이었다. 할아버지의 신기한 가게에서 찾아낸 희귀하고 특별한 물건이어야만 했다.

여느 때처럼 누나 한나도 함께 갔다. 한나는 러미지 할아버지 가게에 있는 보물들이 진짜 가치가 있는 것인지 남몰래 의심하고 있었다. 한나는 누나답게 어린 남동생이 '아무짝에도 쓸모없는 엉뚱한 물건'을 또 하나 사지 못하도록 막아야 한다고 생각했다.

디그비는 폴록 아저씨의 장난감 가게로 갔다.

"안녕하세요, 할아버지. 여기 계세요?"

"아침 일찍 일어났구나. 나는 이걸 고치느라 밤을 꼬박 새웠단다. 날 좀 도와다오."

"안녕하세요, 아저씨. 뭘 고치고 계세요?" 한나가 장난감 만드는 폴록 아저씨에게 말했다.

"내 눈에는 모형 비행기처럼 보이는데? 글라이더 말이야." 러미지 할아버지가 말했다.

"맞아. 이건 그 유명한 라이트 형제가 만든 모형 글라이더야. 윌버 라이트와 오빌 라이트."

"와! 그게 정말로 라이트 형제가 만든 비행기예요?" 한나가 하늘을 난다는 생각에 마음이 들떠 외쳤다.

"물론이지." 폴록 아저씨는 어깨를 으쓱거리며 환하게 웃었다.

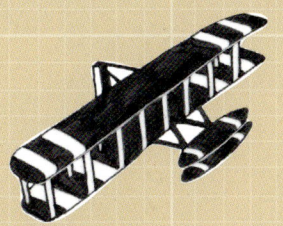 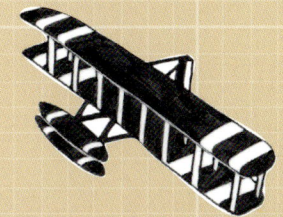

라이트 형제
The Wright Brothers

1867년 미국 인디애나 주 밀빌 근처에 있는 집에서 밀턴과 수전 라이트 부부의 셋째 아이가 태어났단다. '윌버'라고 이름을 지은 이 아기에게는 두 형이 있었어. 맏형 로이힐린은 여섯 살이었고 작은형 로린은 네 살이었어. 수전 라이트는 미처 알지 못했지만, 그녀는 세계에서 가장 유명한 발명가 형제 중 한 명을 낳은 것이었지.

발명가 형제 가운데 동생인 오빌은 오하이오 주 데이턴 시 호손 가 7번지에 가족이 새로 지은 집에서 윌버가 태어난 지 4년 뒤인 1871년에 태어났어. 윌버와 오빌은 커서 '라이트 형제'라는 이름으로 유명해진단다.

▲ 아버지 밀턴 라이트(위)와 윌버(아래 왼쪽), 오빌(아래 오른쪽)이란다.

하늘의 제왕들

라이트 형제는 인류 최초로 비행기를 만들지는 않았지만, 사람이 조종해서 어느 정도의 거리를 날아갈 수 있는 비행기를 처음으로 만들었어. 이것은 사람이 새처럼 하늘을 날 수 있다는 것을 의미했기 때문에 매우 중요했단다.

▲ 만년의 윌버와 오빌이란다.

"이름들이 정말 이상하군요!" 디그비가 말했다."

"라이트 형제의 이름은 아버지 밀턴이 존경한 목사들 이름을 딴 거야. 친구들은 두 형제를 '윌'과 '오브'라고 불렀지만, 오빌은 형을 '울람'이라고 불렀고, 형은 동생을 '버브스'라고 불렀지. 이렇다 할 이유는 없었던 것 같아. 위대한 발명가들의 마음을 우리가 어떻게 알겠니?"

"아무리 그래도 그 이름들은 별나요." 한나가 말했다.

"한나도 평범한 이름은 아니야." 디그비가 말했다.

"그렇게 말하는 넌 어떻고? 디그비란 이름도 그렇게 멋진 이름은 아니거든!"

그러자 러미지 할아버지가 끼어들었다.

"어머니 수전은 마차 만드는 사람의 딸이어서, 선천적으로 뛰어난 기계공이었지. 실제로 두 아들에게 물건 만드는 법을 가르치기도 했단다. 아버지 밀턴은 기계에는 문외한이었어."

"그러니까 라이트 형제는 기계 다루는 재능을 어머니한테 물려받은 거군요." 한나가 의기양양한 표정으로 동생을 바라보며 말했다.

"그랬지." 러미지 할아버지와 폴록 아저씨가 함께 고개를 끄덕였다.

어린 시절

밀턴 라이트는 교회 목사이자 교사이며 전도사였단다. 그는 수전과 결혼하여 일곱 아이를 낳기 전에는 여행을 많이 다녔어. 실제로 라이트 가족은 열두 번 이사를 다닌 뒤에야 오하이오 주 데이턴 시에 정착했단다. 밀턴은 교회 신문인 〈릴리저스 텔레스코프〉지의 편집자로 일했고, 이 업무를 잘 해내어 목사로 임명되었어. 그래서 데이턴 시의 이웃들은 밀턴의 아이들을 그냥 '목사님네 아이들'이라고 불렀단다.

◀ 오빌과 윌버의 어머니 수전 라이트란다.

친밀한 관계

오빌과 윌버는 평생 동안 가까운 사이였단다. 윌버는 그들이 함께 살고 함께 놀고 함께 일하고 생각까지도 함께했다고 일기에 기록했어. 그들의 업적은 대부분 함께 나눈 대화나 함께 한 일의 결과였단다.

◀ 데이턴 시 호손 가 7번지에 있는 라이트 가족의 집이란다.

큰 서재

라이트 형제는 아버지의 큰 서재에 마음대로 드나들 수 있었단다. 오빌과 윌버는 서재에서 책을 읽으며 많은 시간을 보냈어. 그들이 즐겨 읽은 모험 이야기는 상상력을 키워 주었고, 새로운 생각을 탐구하도록 부추겼단다. 두 형제는 비행 이야기에 매혹되었어. 아들 이카로스와 함께 투옥되었으나 날개를 만들어 탈출에 성공한 다이달로스, 옥좌에 앉은 채 왕국을 이리저리 날아다닐 수 있도록 독수리들을 옥좌에 묶어 둔 페르시아 왕 카이카우스, 새가 되고 싶었던 독일 울름의 재단사 이야기도 있었어. 이 재단사는 손수 날개 한 쌍을 만들어 달고 울름 대성당 첨탑에서 바람이 불어오는 쪽으로 몸을 던졌지만 땅에 떨어져 죽고 말았단다.

"하루는 아버지 밀턴이 여행에서 돌아오면서 아이들에게 장난감 헬리콥터를 선물로 가져왔어. 아이들은 그 장난감을 무척 좋아했지. 그것이 아마 라이트 형제에게 비행기에 대한 관심을 갖게 했을 거야."

"하지만 그때는 헬리콥터가 존재하지 않았어요. 그런데 아버지는 어떻게 헬리콥터를 찾았을까요?" 한나가 물었다.

"그래. 그건 우리가 지금 알고 있는 헬리콥터처럼 생기지는 않았어. 그저 장난감일 뿐이니까." 폴록 아저씨가 주머니에서 장난감 헬리콥터를 꺼내면서 말했다.

"그렇군요. 좀 이상하게 생겼네요." 한나가 장난감을 자세히 살펴보면서 말했다.

"바보!" 디그비가 말했다.

"레오나르도 다빈치가 헬리콥터를 발명했으니까 헬리콥터는 존재했단 말이야!"

"네 말이 맞다." 러미지 할아버지가 끼어들었다. "하지만 지금은 라이트 형제에 대해서만 이야기하자꾸나!"

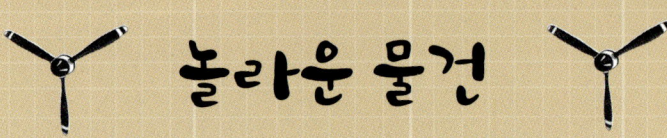

놀라운 물건

라이트 형제의 아버지가 아들들에게 선물로 가져온 헬리콥터 같은 장난감은 프랑스 항공학의 선구자인 알퐁스 페노의 발명품에 바탕을 둔 것이었어. 그 장난감은 종이와 대나무와 코르크로 만들어졌고, 고무줄을 감아서 날개를 회전시킬 수 있었단다. 크기는 어른 손바닥만 했어. 라이트 형제는 이 장난감을 너무 많이 갖고 논 탓에 결국 망가져서 자기네 힘으로 새 장난감을 만들어야 했단다.

▲ 날개치기 비행기를 만들기 위한 레오나르도 다빈치의 설계도란다.

날개치기 비행기

이탈리아의 위대한 발명가이자 다재다능한 천재인 레오나르도 다빈치는 1480년대에 처음으로 비행을 연구했단다. 그는 새들을 연구하여 100점이 넘는 도면으로 자신의 생각을 설명했어. 레오나르도 다빈치의 날개치기 비행기는 실제로 만들어지지는 않았지만, 오늘날의 헬리콥터는 그의 착상에 바탕을 두고 있단다.

▲ 회오리바람에 휩싸인 예언자 엘리야란다.

▲ 엘리야의 불의 전차란다.

비행에 관한 신화들

날개 달린 인간과 그 밖의 이상한 동물에 대한 신화는 많아. 예를 들어 켈트 신화에 나오는 슬로프는 산 사람을 따라다니며 괴롭히고 죄인들의 영혼을 찾아 헤매는 악령 무리였어. 중국 전설에 따르면 신선은 영원히 죽지 않고, 온몸이 깃털로 뒤덮여 있어서 깃털을 이용해 하늘을 날아다녔단다. 세르비아의 수호자인 스마지는 불을 내뿜는 날개 달린 인간이었지. 폴리네시아 신화에 나오는 카나에는 날아다니는 물고기로 변신하는 능력을 가지고 있었어.

셰이크 알리는 날아다니는 말들의 왕국, 날아다니는 사자들의 왕국, 날아다니는 코끼리들의 왕국을 다스린 말레이시아 왕이었어.

로마 신화에 나오는, 신들의 사자 메르쿠리우스도 있었단다. 그는 대개 날개 달린 샌들을 신고 날개 달린 투구를 썼어.

상상 속의 비행

아버지는 라이트 형제에게 물건을 만드는 것을 권했지만, 그 자신은 손재주가 전혀 없었어. 하지만 라이트 형제는 일요일에 교회에서 아버지의 설교를 통해 히브리의 예언자 엘리야의 비행 이야기를 들었단다. 그것은 성서에 나오는 수많은 비행 이야기 가운데 하나였어. 그 이야기에서 엘리야는 불의 전차를 타고 회오리바람에 휩싸여 하늘로 올라갔단다.

이런 이야기로 라이트 형제는 상상력을 키웠고, 기계적인 도구와 놀이에 대한 흥미가 생겼단다.

 # 비행의 역사

라이트 형제는 과거에 성공했거나 실패한 항공기를 연구했단다.

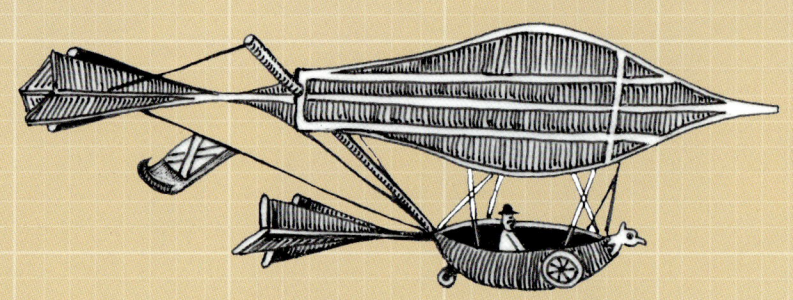

몽골피에 형제의 열기구

프랑스의 조제프와 에티엔 몽골피에 형제는 최초로 열기구를 발명했어. 그들은 불에서 나오는 연기를 이용하여 바구니에 달린 비단 주머니 속에 뜨거운 공기를 불어넣었지. 그러면 뜨거운 공기는 위로 올라가, 기구가 공기보다 가벼워지게 해 주었단다. 1783년에 그들은 최초의 승객(양, 수탉, 오리)을 하늘로 올려 보냈어! 비행은 성공적이었단다.

조지 케일리의 글라이더

영국의 조지 케일리는 1796년 회전 프로펠러가 달린 헬리콥터를 설계했단다. 8년 뒤에는 당시로서는 매우 근대적인 단엽 글라이더 모형을 만들었는데, 여기에는 움직이는 십자형 꼬리와 연 모양의 날개가 달려 있었어. 그는 오랫동안 수많은 모양의 날개를 글라이더에 달아 시험하여, 평평한 날개보다 표면이 구부러진 날개가 항공기를 더 높이 띄운다는 사실을 알아냈단다.

▲ 몽골피에 형제가 발명한 열기구의 첫 비행이란다.

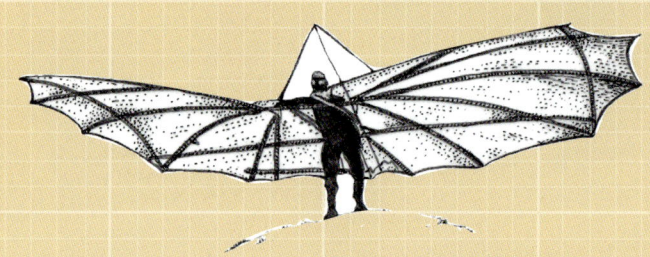

릴리엔탈의 행글라이더

1880년대에 독일의 오토 릴리엔탈은 사상 처음으로 사람이 탄 상태에서 장거리를 날 수 있는 행글라이더를 설계했어. 그는 2천 500번의 시험 활공을 하는 동안 수없이 추락했고, 결국에는 세찬 돌풍 속에서 글라이더를 통제할 수 없게 되어 추락하여 사망했단다. 하지만 라이트 형제는 그의 용기와 연구에서 영감을 얻어 독자적인 착상을 펼칠 수 있었어.

"라이트 형제는 학교에 다녔나요? 아니면 그냥 온종일 서재에서 책을 보면서 지냈나요?" 디그비가 물었다.

"윌버는 여덟 살 때 학교에 들어갔단다." 러미지 할아버지가 말했다. "학교에서 스케이트 타는 법을 배웠고 체조와 연날리기도 배웠지. 아버지가 기록한 걸 보면 윌버는 학습 속도가 빠르고 집중력이 좋고 기억력도 뛰어난 아이였어."

"신동이었나 보군요." 한나가 말했다.

"아버지는 아들 윌버에게 기대가 컸어. 그런데 하루는 윌버가 스케이트를 타고 있을 때 어디선가 하키 스틱이 날아와 윌버의 입을 때렸어. 3주 뒤 의사는 윌버의 심장이 약해서 무리하지 말고 쉬어야 한다고 말했단다. 그래서 윌버는 학교를 그만두고 집에서 공부했지."

"무척 외로웠겠군요?" 디그비가 말했다.

"그럴지도 모르지. 하지만 윌버는 중병에 걸린 어머니도 돌봐야 했어." 러미지 할아버지가 말을 이었다. "오빌은 윌버만큼 똑똑하지는 않았어. 게다가 장난꾸러기여서, 교실에서는 선생님이 항상 지켜볼 수 있도록 맨 앞자리에 앉아야 했지. 하지만 열일곱 살에 학교를 졸업한 뒤에는 작은 인쇄소를 차렸고, 나중에는 신문을 창간했단다."

"많은 것을 배우고 상상력을 발휘하도록 격려해 주는 사람이 주위에 있는 아이들은 언제나 운이 좋아." 폴록 아저씨가 덧붙여 말했다. "나도 그렇게 운이 좋았고, 그래서 보다시피 이렇게 장난감에 계속 관심을 갖고 연구할 수 있게 되었지."

"그 옛날 기구와 글라이더들은 정말 멋있어요." 디그비가 열의에 찬 얼굴로 말했다.

"더 보고 싶어요."

"그래, 보여 주마." 폴록 아저씨가 말했다. "내 가게에는 온갖 항공기 모형이 있어."

"저건 뭐예요? 정말 예쁜데요." 한나가 가게 지붕에 매달려 있는 화려한 색깔의 기구와 바구니를 가리키면서 물었다.

"저건 자크 샤를의 수소 기구 모형이란다." 폴록 아저씨가 말했다. "당시 파리 인구의 절반이 저 기구가 하늘로 올라가는 걸 지켜보았지!"

"나도 거기에 있었다면 좋았을걸." 디그비가 말했다. "비행기를 타고 날아오르는 것보다 훨씬 재미있을 것 같아요."

"그래. 하지만 그보다는 몸이 아직 온전할 때 무사히 착륙하는 게 더 큰 문제라는 것을 너도 알았을 거야!" 러미지 할아버지가 껄껄 웃었다.

"그리고 오토 릴리엔탈이 실험한 행글라이더와 비슷

한 행글라이더가 여기 있어." 폴록 아저씨가 범포로 만든 날개가 달린 모형을 자랑스럽게 보여 주면서 말했다. "오늘날 얼마나 많은 사람들이 취미로 행글라이딩을 즐기는지 알면 그가 깜짝 놀랄 거야."

"나는 이게 마음에 드는데." 러미지 할아버지가 멜론 모양의 기구를 집어 들면서 말했다.

"아아, 그건 흔히 '블림프'라고 부른 비행선이라네."

"이건 뭐예요, 할아버지? 종이비행기처럼 보이는데……." 디그비가 말했다.

"제가 보기엔 그렇게 대단한 발명품처럼 보이지 않는데요?" 한나가 불만스럽게 말했다. "저런 건 나도 만들 수 있겠어요."

"그건 조지 케일리가 만든 글라이더 모형이란다." 폴록 아저씨가 말했다.

"비행기를 어떻게 만드는지 아는 사람이 아무도 없는 시대에는 하늘로 올라가는 게 정말 위험했을 거예요." 한나가 말했다.

"그래. 대단한 용기가 필요한 일이었지." 폴록 아저씨가 말했다. "하지만 당시는 비행에 대한 흥분으로 들떠 있던 시대였고, 라이트 형제는 정말로 열심이었어. 한때는 라이트 형제가 전혀 다른 일을 할 것처럼 보인 적도 있었지만······."

"낮에는 다른 직업을 갖고 있었다는 뜻인가요?" 한나가 물었다.

"그렇다고 할 수 있지." 러미지 할아버지가 웃으면서 말했다. "사실 라이트 형제가 처음으로 자신들을 '라이트 형제'라고 부른 것은 윌버가 오빌의 인쇄소에 들어갔을 때야. 하지만 그래도 라이트 형제는 온갖 종류의 기계를 발명하는 일을 계속 했단다."

"그랬지." 폴록 아저씨가 맞장구쳤다. "인쇄소에서 쓸 인쇄기까지 만들었으니까."

"낡은 부엌 싱크대로 만들었겠죠?" 한나가 말했다.

"아니, 부서진 묘비와 유모차 부품으로 만들었지." 폴록 아저씨가 말했다. "그게 훨씬 흥미진진했어."

"그 인쇄기로 뭘 인쇄했나요?" 디그비가 물었다.

"〈웨스트사이드 뉴스〉라는 4쪽짜리 주간지를 발행했단다." 러미지 할아버지가 대답했다.

"거기서 번 돈을 비행 연구를 하는 데 사용했지. 하지만 처음에는 다른 일을 했어."

"라이트 형제는 자전거 수리점을 차리기로 결정했지." 폴록 아저씨가 말을 이었다. "당시는 자전거 타기가 취미 활동으로 인기를 얻기 시작한 때였고, 라이트 형제는 뒷마당에서 온갖 잡동사니를 만지작거리기를 좋아했거든."

"무슨 일을 하고 싶은지, 아직 마음을 정하지 못했던 모양이군요?" 한나가 말했다.

"라이트 형제는 물건을 작동시키는 일을 즐긴 것 같아." 폴록 아저씨가 말했다. "결국 라이트 형제는 자전거를 만들고, 거기에다 '밴 클리브'와 '세인트 클레어'라는 이름도 붙여 주었지. 어떠냐? 이름이 근사하지 않니?"

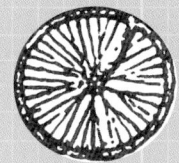 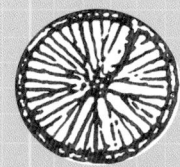

유능한 기계공들

라이트 형제는 인쇄소와 자전거 수리점에서 일하면서 독학으로 유능한 기계공이 되었단다. 하지만 그들은 도전을 즐겼기 때문에, 일단 한 가지 일에 숙달하면 또 다른 일에 도전하곤 했지. 하늘을 나는 것은 그들이 가장 도전하고 싶은 것이었단다.

◀ 라이트 형제의 안전 자전거야.

안전 자전거

안전 자전거(같은 크기의 바퀴 두 개로 달리는 자전거)가 발명되자 미국인들은 자전거 타기에 열중했단다. 라이트 형제도 자전거를 한 대씩 사서 자전거 타기 클럽에 가입했어. 그들은 기계공으로 좋은 평판을 얻고 있었기 때문에 친구들은 그들에게 자전거를 수리해 달라고 부탁했지. 그래서 그들은 자전거 수리점을 차릴 수 있었단다.

오래지 않아 라이트 형제는 자전거 제조업자보다 더 좋은 자전거를 만들 수 있다는 자신이 생겼어. 그래서 그들은 주문을 받고 직접 수제 자전거를 만들어 많은 돈을 벌었어.

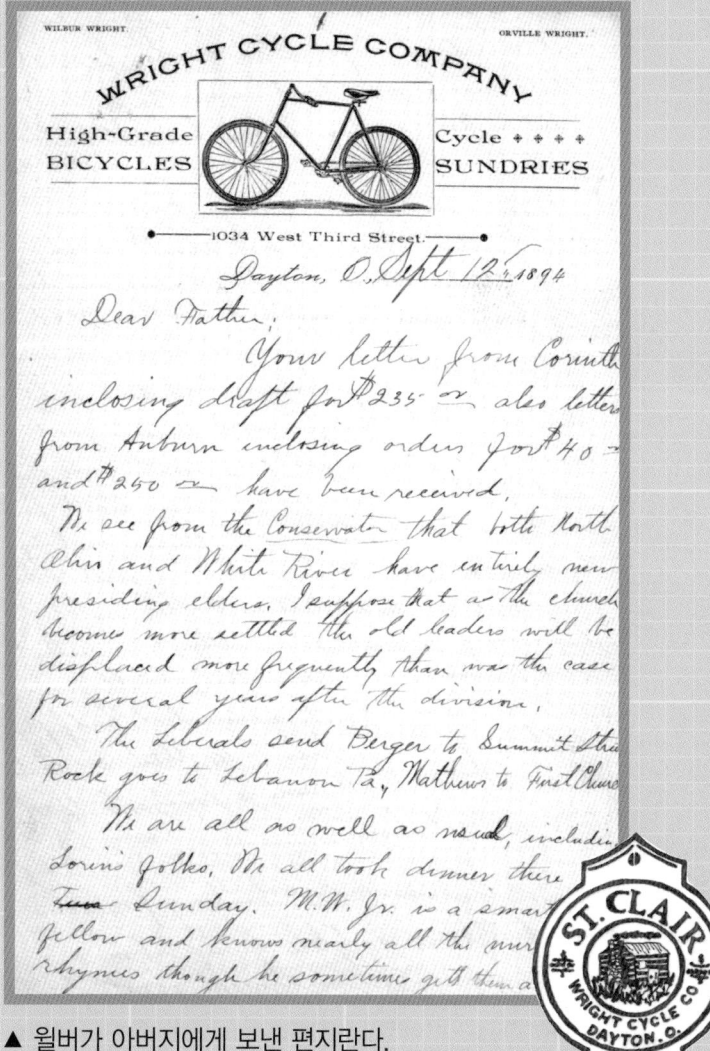

▲ 윌버가 아버지에게 보낸 편지란다.

자전거와 비행기

19세기 사람들은 인간의 비행을 방해하는 문제와 자전거 타기를 처음 배우는 사람들이 직면하는 문제가 비슷하다고 생각했단다. 자전거를 능숙하게 타는 것은 너무 힘들어서, 하늘을 나는 것만큼 불가능해 보였단다.

초기의 항공기들

▲ 집배 지붕에서 발사기로 쏘아 올린 랭글리의 비행기란다.

새들의 비행

오토 릴리엔탈은 새, 특히 황새의 비행에 대한 책을 썼고, 황새의 날개 모양과 그것이 날개 주위의 공기 흐름에 어떻게 영향을 미치는지를 그림으로 설명했단다. 그의 글라이더 실험은 공기보다 무거운 물체도 날개를 퍼덕이지 않고 날 수 있다는 것을 입증하는 데 이바지했지. 라이트 형제는 릴리엔탈이 쓴 〈새들의 비행〉을 열심히 읽고, 그 책에 제시된 몇 가지 의견을 실험했어.

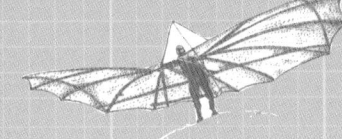

항공기에 관한 샤누트의 책

미국의 공학자인 옥타브 샤누트는 1894년에 〈항공기의 발달〉이라는 책을 출간했단다. 이 책은 세계의 앞선 항공기들의 기술 정보를 집대성한 최초의 책이었지. 이 책은 베스트셀러가 되었고, 라이트 형제는 이 책을 토대로 비행 실험을 구상했어.

샤누트는 날개가 두 개 달린 글라이더와 세 개 달린 글라이더를 만들어 미시간 호숫가로 가져가서 자신처럼 비행에 열광하는 젊은이들을 이용하여 글라이더를 시험했단다.

새뮤얼 랭글리의 에어로드롬

미국의 발명가인 새뮤얼 랭글리는 증기의 힘으로 움직이는 무인 모형 비행기를 날리는 데 성공했단다. 나중에 그는 '에어로드롬'이라고 불리는 발동기 비행기도 만들었어. 철사로 만들어 더 튼튼해진 날개가 앞뒤로 나란히 달려 있었고, 발사기가 비행기를 공중으로 쏘아 올렸어. 하지만 시험적으로 만든 비행기에는 착륙 장치가 없었기 때문에 랭글리는 치명적인 사고를 피하기 위해 포토맥 강 위에서 비행기를 시험했단다. 하지만 에어로드롬이 '한 줌의 젖은 시멘트'처럼 강물 속에 처박히자 랭글리는 계획을 포기했어.

▶ 샤누트-헤링 글라이더는 날개가 이층으로 되어 있었기 때문에, 라이트 형제는 그것을 '더블 데커'라는 별명으로 불렀어.

"그런데 라이트 형제가 실제로 비행기를 만들기 시작한 건 언제였나요?" 디그비가 조바심을 내며 물었다.

"이야기하자면 길어." 폴록 아저씨가 대답했다.

"내 기억이 맞다면, 오빌이 장티푸스에 걸린 게 1896년이었을 거야. 장티푸스는 심각한 병이었지. 윌버는 동생을 간병하면서 기운을 북돋워 주려고 오토 릴리엔탈의 극적인 비행에 관한 기사를 읽어 주었단다."

"하지만 비행을 처음한 건 라이트 형제인 줄 알았는데요?" 디그비가 실망한 표정을 지으며 말했다.

"처음 비행을 한 건 새들이었어." 폴록 아저씨가 말했다.

"그 다음에는 물론 열기구가 있었지. 하지만 네 말이 맞아. 오토 릴리엔탈은 그저 활공을 했을 뿐이야. 새들이 날개를 움직이는 것처럼 실제로 글라이더를 움직이지는 못했지. 몇 가지는 조종할 수 있었지만, 동력이 없었어. 정말로 중요한 것은 동력을 갖추고 비행을 했느냐인데 아직 그런 비행은 없었단다."

"아, 다행이에요." 디그비가 안심하며 미소를 지었.

"저는 라이트 형제가 첫 번째였으면 하거든요."

"윌버는 하늘을 날겠다는 생각에 빠져서 뉴욕의 스미스소니언 협회에 편지를 보냈단다." 폴록 아저씨가 말을 이었다. "스미스소니언은 세계 최대의 과학 박물관이야. 윌버는 자기가 알고 싶은 것은 무엇이든 거기서 찾을 수 있으리라는 것을 알았어. 윌버는 그 협회가 갖고 있는 항공학 정보를 모두 알려 달라고 부탁했지."

"그리고 몇 달이 지나지 않아 윌버는 비행에 관해 알아야 할 것은 전부 다 읽었단다." 러미지 할아버지가 덧붙여 말했다.

"윌버와 오빌은 새에 관한 책들을 읽고 새가 나는 것을 관찰하면서 많은 시간을 보냈지." 폴록 아저씨가 말했다.

"누구와 똑같군요." 한나가 말했다.

"정말이냐? 너도 조류학을 좋아하니?" 폴록 아저씨가 디그비에게 물었다.

"조… 조류… 그게 뭔데요?"

"비행을 연구하는 학문이야. 바보 같이." 한나가 말했다.

"아니, 그건 새들을 연구하는 학문이란다." 러미지 할아버지가 말했다.

"새의 날개 모양과 새가 공중에서 어떻게 움직이는지를 연구하지."

"그래." 폴록 아저씨가 말했다. "라이트 형제는 공중에서 비행기의 방향을 바꾸는 적절한 방법은 새처럼 몸의 중심을 좌우로 기울이는 것이라는 사실을 곧 알게 되었단다."

그러자 디그비가 두 팔을 벌리고 요란한 비행기 소리를 내면서 몸을 이쪽저쪽으로 기울이고 벼룩시장의 노점들 사이를 이리저리 뛰어다니면서 물었다.

"이렇게요?"

"그래!" 폴록 아저씨가 킬킬 웃으면서 외쳤다.

한나는 귀를 손으로 틀어막았다.

 새처럼 날아라

균형 잡기

라이트 형제는 비행이란, 곧 균형을 잡는 것이라는 사실을 알았단다. 그런데 비행기가 바람 속에서 한쪽으로 기울면 균형을 다시 잡지 못해서 대개 추락했지. 그래서 형제는 새들이 공중에서 어떻게 균형을 잡는가를 관찰하면 이 문제를 해결할 수 있으리라고 기대했단다.

풍차 날개

윌버는 새들이 날 때 날개 끝을 조정하여 한쪽은 위로 젖히고 다른 쪽은 아래로 젖힌다는 것을 알아냈단다. 따라서 날개는 공중에서 새의 몸통을 돌리는 일종의 풍차 같은 구실을 하지. 방향 전환이 끝나면 새는 양쪽 날개 끝의 각도를 반대로 바꾸어 균형을 되찾는단다.

▲ 릴리엔탈은 날개를 몸에 달고 날았기 때문에 '새사람'이라는 별명을 얻었어.

재난

오토 릴리엔탈은 글라이더를 타다가 바람이 균형을 깨트려서 땅에 떨어져 죽었단다. 라이트 형제는 이 사건을 비롯한 수많은 재난을 보고 해결책을 찾겠다고 굳게 결심했어. 결국 그들은 성공적이고 안전한 비행의 열쇠는 비행기 본래의 안정성이 아니라 믿을 수 있는 조종 장치라고 결론을 지었단다.

복엽 비행기 상자

어느 날 윌버는 판지로 된 낡은 튜브 상자 하나를 주웠어. 그는 직사각형 상자를 두 손에 들고, 모서리를 대각선으로 비스듬히 짓눌러 찌그러뜨렸단다. 그리고 한쪽 끝이 위를 향하면 다른 쪽 끝은 자동적으로 아래를 향한다는 것을 알게 됐지. 상자는 뒤틀렸단다. 윌버는 상자의 옆면이 복엽 비행기의 날개라고 상상했단다. 그는 전선으로 비행기의 날개 끝을 구부리면 비행기 날개도 새의 날개와 똑같이 움직이리라는 것을 깨달았어.

좋은 소식

윌버는 이 사실을 깨닫고 무척 흥분했어. 오빌에게 한시라도 빨리 말해 주고 싶었단다. 그런데 오빌은 친구들과 캠핑을 하고 있었어. 그래서 윌버는 캠프장까지 자전거를 타고 가서 동생에게 기쁜 소식을 전했단다. 라이트 형제는 당장 '날개 끝을 구부리는' 새로운 조종 장치를 단 글라이더를 설계하기 시작했어.

풍동

라이트 형제는 풍동을 만들어, 어떤 날개가 가장 잘 작동하는지를 확인하기 위해 풍동 안에서 200개가 넘는 날개 모양을 시험했단다.

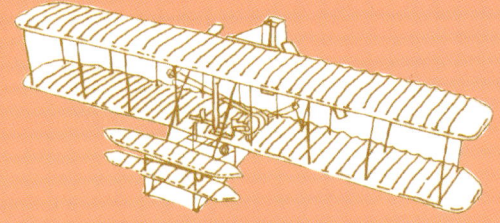

▼ 라이트 형제는 기술적인 문제를 해결하기 위해 그림을 그렸단다. 이것은 라이트 형제가 1903년에 만든 비행기의 도면이야.

▲ 라이트 형제의 풍동이란다.

멋진 해결책

'날개 끝을 구부려' 비행기를 조종하는 해결책은 라이트 형제의 수많은 발견 가운데 하나일 뿐이었어. 오늘날 공학자들은 라이트 형제의 해결책을 '멋진 해결책'이라고 부른단다. 수많은 항공학자들을 괴롭혀 온 문제를 윌버가 마침내 해결한 거야.

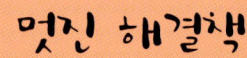

"**대**단해요." 디그비가 싱긋 웃으면서 말했다. "그래서 라이트 형제는 비행기 날개를 마음대로 조종할 수 있게 되었으니까 하늘을 날 수도 있었겠군요."

"그 목표에 가까이 다가가고 있었지." 폴록 아저씨가 말했다. "윌버와 오빌은 1896년에 연과 글라이더로 실험을 하기 시작했어."

"윌버는 당장 새 모형 비행기를 만들려고 했을 게 분명해요." 한나가 말했다.

"그래." 폴록 아저씨가 말했다. "며칠 만에 윌버는 상자 모양의 연 하나를 만들었단다. 복엽 비행기와 비슷해 보이는 그 연에는 조종 장치가 달려 있었지. 윌버는 위로 올리거나 내릴 수 있는 꼬리도 달았어."

"그걸 '피치'라고 부르죠." 디그비가 말했다.

"학교에서 배웠어요."

"맞았어." 폴록 아저씨가 말했다. "조종 장치의 줄은 연의 네 모퉁이 사이에 뻗어 있었고, 막대기 두 개에 묶여 있었어. 윌버는 막대기 두 개를 한 손에 하나씩 쥐었지. 두 막대기를 서로 반대 방향으로 돌리면 날개가 뒤틀리고, 그러면 연은 왼쪽이나 오른쪽으로 회전하는 거야. 두 막대기를 같은 방향으로 돌리면 꼬리를 위아래로 움직여 연을 올리거나 내릴 수 있었어."

"하지만 그게 제대로 작동했나요?" 한나가 물었다.

"윌버는 바람이 세차게 부는 어느 가을날 그 연을 밖으로 가지고 나갔지." 러미지 할아버지가 말했다. "조종 장치는 완벽하게 작동했어. 마침내 윌버는 모형 비행기의 비행을 통제할 수 있게 된 거야."

"그래서 형제는 우선 글라이더부터 만들기 시작했단다." 폴록 아저씨가 말했다. "그들은 키티호크라는 곳에서 글라이더를 시험했는데, 그곳이 비행 조건도 좋았지만, 호기심 많은 사람들의 눈에서 멀리 떨어진 외딴곳이었기 때문이기도 했지."

"왜 사람들의 시선을 걱정했죠?" 한나가 이상하다는 듯이 물었다.

"조종할 수 있는 동력 비행기를 누가 최초로 발명하는지 경쟁이 벌어지고 있었거든. 라이트 형제는 누군가 그들의 착상을 훔치거나, 그들보다 먼저 결승선에 도달하는 것을 바라지 않았단다. 허허허."

"라이트 형제가 초기에 만든 글라이더는 날개가 두 개였어. 요즘에는 그것을 '복엽 비행기'라고 부르지." 러미지 할아버지가 덧붙여 말했다.

"하지만 불행하게도 글라이더는 땅에서 그렇게 높이 올라가지 않았어. 게다가 조종하기가 무척 어려웠지." 폴록 아저씨가 말했다. "그래서 형제는 풍동을 만들었단다."

"포뮬러 경주에서 사용하는 풍동과 비슷한 건가요?" 디그비가 물었다.

"아니, 그렇게 복잡한 것은 아니야." 러미지 할아버지가 말했다. "그래도 수백 개의 날개 모양을 실험하기에는 충분했지. 그들이 세 번째로 만든 글라이더가 바로 완전히 조종할 수 있는 최초의 항공기였어. 거기에는 항공기를 좌우로 흔들리게 하고 한쪽으로 흔들리게 하고 상하로 흔들리게 하는 조종 장치가 달려 있었단다."

"공학의 경이였지." 폴록 아저씨가 말했다. "그 항공기는 무려 190미터를 비행하는 기록을 세웠어!"

"정말 놀랍군요!" 한나가 말했다.

▲ 최초의 비행은 키티호크에서 이루어졌단다.

키티호크

윌버는 글라이더를 만들자 그것을 날릴 장소가 필요했단다. 그는 노스캐롤라이나 주의 키티호크를 선택했지. 그곳은 바람이 강하게 불 때가 많아서 글라이더를 날리는 데 아주 좋은 조건을 갖추고 있었기 때문이야. 또 땅에는 부드러운 모래가 깔려 있어서 글라이더가 거칠게 착륙했을 때 충격을 줄이는 완충 역할을 해 줄 수 있었어.

◀ 미국 의회는 라이트 형제의 첫 비행에 대해 훈장을 수여했단다.

납작 엎드리다

라이트 형제의 첫 글라이더에 탄 조종사는 아래 날개 위에 머리를 앞으로 향하고 납작 엎드렸단다. 이것은 공기 저항을 줄이기 위해서였어. 글라이더를 좀 더 유선형으로 만들어 공기 저항을 줄이기 위한 자세였던 거야. 글라이더가 땅으로 내려오면 조종사는 두 발로 착륙할 수 있도록 버팀줄을 꽉 붙잡고 날개에 뚫린 구멍을 통해 몸을 똑바로 세우도록 되어 있었단다. 하지만 라이트 형제는 조종사가 계속 날개 위에 엎드려 있어도 전혀 위험하지 않다는 것을 알게 되었어. 그래서 그 후 5년 동안 그들은 모든 비행을 날개 위에 엎드려서 했단다.

조종사가 없는 비행기

처음에는 아무도 글라이더를 조종하지 않았단다. 라이트 형제는 모래주머니와 쇠사슬을 항공기의 부력을 조종하는 데 이용했어. 그들은 집에서 만든 탑에 글라이더를 매달아 놓고 시험했단다. 한번은 소년을 모래주머니처럼 이용했는데, 그 소년이 글라이더를 조종한 것은 아니었단다!

비행기 완성하기

키티호크에서 역사적인 첫 비행을 마치고 돌아온 형제는 비행기를 완성하려면 아직도 할 일이 많다는 것을 알았단다. 그래서 그들은 데이턴 시 북동쪽에 있는 넓은 들판인 허프먼 초원에 시험비행 기지를 세웠어. 이곳은 세계 최초의 시험비행 시설이 되었단다. 여기서 그들은 비행을 많이 했고, 조종 장치와 엔진, 프로펠러를 비롯한 비행기 부품을 조사하고 더욱 견고하게 했어.

▲ 1904년 11월 16일, 허프먼 초원 위를 날고 있는 오빌이란다.

최초의 선회 비행

초기에는 직선으로만 비행할 수 있었고, 조종사는 1분도 지나기 전에 비행기를 착륙시켜야 했단다. 그러다가 1904년 9월 20일 윌버가 약 1분 30초 동안 원을 그리며 선회 비행을 했단다. 그것은 사상 최초의 선회 비행이었어. 1905년 말에는 비행기가 8자 모양으로 날 수 있었고, 30분이 넘게 공중에 머무를 수 있었단다.

실용적인 비행기

1905년에 제작된 '라이트 플라이어'라는 비행기는 다른 사람에게 팔 수 있을 만큼 훌륭했단다. 그것은 최초의 실용적인 비행기였고, 1906년에 라이트 형제는 '라이트 플라이어'로 특허를 받았어. 윌버와 오빌은 그들의 놀라운 발명품을 살 사람을 찾아야 했단다.

◀ 시험비행 기지의 격납고 밖에 있는 '라이트 플라이어'야.

"이제 그들에게 필요한 건 동력뿐이었겠군요?" 디그비가 말했다.

"그런데 왜 그들은 팔을 날개처럼 퍼덕이거나 비둘기 떼를 날개에 묶지 않았을까요?" 한나가 물었다.

"멋진 생각이야." 폴록 아저씨가 말했다. "하지만 그런 방법은 잘될 것 같지 않은데. 안 그래? 어쨌든 그들은 어느 기계공의 도움으로 작고 가벼운 가솔린 엔진과 프로펠러를 만들었단다. 그들의 비행기에 동력을 공급하는 장치지. 그런 다음 부품을 키티호크로 가져가서 조립했어."

"하지만 키티호크에 도착했을 때 그들은 경쟁자가 생긴 것을 알았지." 러미지 할아버지가 말했다. "샘 랭글리라는 사람이 동력 비행기를 만든 거야!"

"그럴 수가!" 디그비가 외쳤다. "그래서 어떻게 했어요?"

"라이트 형제에게는 다행한 일이지만, 랭글리의 노력은 참담한 실패로 끝났어. 랭글리는 포기하고 라이트 형제한테 그 일을 맡겼지."

"그래서 라이트 형제는 정말로 날아오를 수 있게 됐군요." 한나가 열띤 어조로 말했다.

"그래." 폴록 아저씨가 말했다. "1903년 12월 14일, 윌버가 동전 던지기에서 동생을 이겨서 첫 번째로 비행기를 조종할 기회를 얻었지. 하지만 윌버는 이륙할 때 멈칫하는 바람에 비행기가 조금 손상됐어. 12월 17일에 수리가 끝났고, 바람이 세차게 부는 아침에 오빌이 공기보다 무거운 비행기를 타고 세계 최초로 동력 비행에 성공했단다!"

"우아!" 아이들은 박수를 치고 팔짝팔짝 뛰면서 외쳤다.

"비행시간은 길지 않았어." 러미지 할아버지가 덧붙였다. "12초 동안 약 40미터를 날았을 뿐이야. 하지만 오빌은 사람들이 수백 년 동안 꿈꿔 온 일을 마침내 해낸 거야!"

33

"이제 사람들은 비행기를 이용해 인기를 얻고 싶어했어." 폴록 아저씨가 말했다. "욕심 많은 사람들은 새로운 것을 발명하면 엄청난 부자가 될 수도 있다고 생각했지."

"모두 다 비행기를 만들고 싶어했겠군요." 한나가 말했다.

"그래. 하지만 아무도 라이트 형제의 비행기를 당해 내지 못했단다." 러미지 할아버지가 말했다.

"문제는 라이트 형제가 특허를 얻고 법률적 문제를 처리하느라 많은 시간을 낭비했다는 거야." 폴록 아저씨가 말했다.

"특허가 뭐예요?" 디그비가 물었다.

"발명가가 자신의 아이디어를 다른 사람이 마음대로 이용할 수 없도록 소유권을 입증하려면 증명서를 받아야 돼. 그게 특허야." 폴록 아저씨가 설명했다.

"그런데 불행히도 라이트 형제는 자신들의 아이디어를 '비행실험협회'의 글렌 커티스와 공유해야 했단다." 러미지 할아버지가 덧붙여 말했다. "커티스는 곧 자신의 비행기를 만들기 시작했고, 그것으로 상을 받기 시작했지. 라이트 형제는 몹시 화를 냈어. 실제로 커티스가 자신들의 설계를 모방하려 한다고 그를 고소했지."

비행

라이트 형제는 그들의 비행기가 군대에도 유용할 수 있다고 여겼어. 하지만 설계를 미군에 팔고 싶으면 많은 시범 비행을 해야 한다는 것을 알았지. 그래서 오빌이 미국에서 시범 비행을 하는 동안, 윌버는 프랑스에 가서 비행기를 팔려고 노력했단다. 윌버는 1908년에 르망 근처에서 지금까지의 기록을 깨는 장거리 비행을 하여 사람들에게 강한 인상을 주었단다. 그 결과 윌버는 프랑스에서 비행기를 만들기로 프랑스 정부와 합의했단다.

재난

한편 오빌은 시범 비행을 하여 군대를 설득하려고 미국에 남아 있었어. 시범 비행은 성공적이었지만, 그는 하마터면 목숨을 잃을 뻔했단다. 포트마이어에서 비행할 때 프로펠러 하나를 잃어서 비행기가 추락했기 때문이야. 결국 비행기에 승객으로 타고 있던 토머스 셀프리지 중위는 목숨을 잃었어. 하지만 오빌은 다리 하나가 부러졌을 뿐이야.

▲ 라이트 형제의 아이디어를 입증하는 특허 증명서야.

▶ 윌버가 뉴욕 항에서 '자유의 여신상' 주위를 날고 있는 모습을 라이트 형제가 스크랩한 것이란다.

순회 여행

오빌이 회복되자, 라이트 형제는 새 군용 비행기를 포트마이어로 가져갔어. 그들은 이 비행기를 이용하여 군대의 심사를 성공적으로 끝마쳤단다. 몇 달 뒤, 윌버가 뉴욕 항에서 화려한 에어쇼를 벌였어. 거버너스 섬에서 자유의 여신상과 그랜트의 무덤까지 날아간 거야. 사람들은 깜짝 놀랐고, 라이트 형제는 유명 인사가 되었단다.

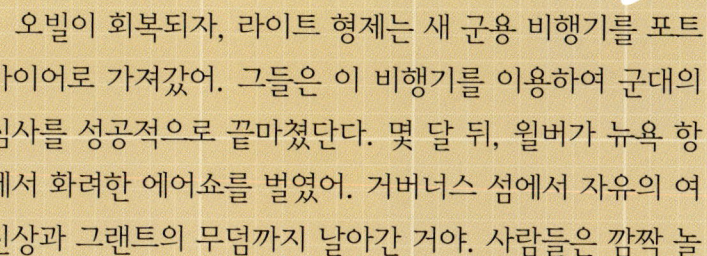

 시범 조종사들

라이트 형제는 비행기를 타고 에어쇼를 벌일 조종사들을 고용했단다. 정말로 돈을 벌 수 있는 곳은 에어쇼라는 것을 알았기 때문이지. 하지만 사람들은 비행기에 익숙해질수록 조종사들이 더욱 위험한 묘기를 보여 주기를 원했단다.

▲ 라이트 형제의 에어쇼 입장권이란다.

라이트 팀

1910년 인디애나폴리스 자동차 경주장에서 개막 쇼가 열린 이후 에어쇼는 계속되었고 수많은 사고가 일어났어. 비행기 한 대는 버지니아 시장을 태운 채 추락했단다. 1911년 11월에 프로그램이 끝났을 때, 라이트 형제가 고용한 아홉 명의 조종사 가운데 다섯 명이 비행기 추락 사고로 목숨을 잃었단다.

더 빨리, 더 높게, 더 낮게

조종사들은 사람들을 만족시키기 위해 더 빨리 더 낮게 날아야 했고, 죽음에 도전하는 더 위험한 묘기를 부려야 했어. 하지만 조종사들이 무모해질수록 실수할 가능성은 더욱 높아졌단다. 라이트 형제는 점점 걱정이 많아졌고, 윌버의 건강이 나빠지기 시작했단다.

"라이트 형제는 정말로 대단한 일을 시작한 거잖아요. 유명 인사가 된 것도 당연하죠."

"그래." 폴록 아저씨가 말했다. "실제로 라이트 형제는 수송에 대한 사람들의 사고방식을 완전히 바꾸어 놓았어. 갑자기 사람들은 직선으로 여행할 수 있게 된 거야. '까마귀가 날 듯이.'"

"정말 재미있네요." 한나가 킬킬거렸다. "윌버는 까마귀와 비슷해 보이지 않아요?"

"아아, 그렇구나." 폴록 아저씨가 말했다. "하지만 유명한 까마귀지. 어쨌든 라이트 형제가 데이턴으로 돌아가자 이틀 동안 화려한 축하 행사가 벌어졌고, 두 사람에게는 의회 금메달이 수여되었단다. 그건 미국 정부가 주는 훈장이야."

"우아. 정말 멋진데요." 디그비가 말했다.

"그들은 모든 사람의 상상을 사로잡는 것을 만들어냈어." 러미지 할아버지가 말을 이었다.

"조종사들은 묘기를 부리고 에어쇼에 참가하여 영웅이 되었지. 기업은 비행기가 장차 인기 있는 수송 수단이 될 수 있다는 것을 깨달았고, 군대는 비행기의 군사적 잠재력을 보았고, 예술가들까지도 비행기의 아름다움과 공중에서의 움직임에 매혹되었단다."

"라이트 형제의 아버지는 비행기에 타 본 적이 있나요?" 디그비가 물었다.

 "그래. 1910년 5월 25일 허프먼 초원에서 오빌이 두 번의 특별 비행을 했단다. 첫 번째 비행에서 오빌은 여든두 살 된 아버지를 비행기에 태웠어. 그것이 밀턴의 처음이자 마지막 비행이었단다. 비행기는 100미터 높이까지 올라갔지만, 아버지는 '더 높이 올라가, 오빌! 더 높이!' 하고 외쳤지. 이어서 오빌은 형을 승객으로 태우고 6분 동안 비행했어. 이때 라이트 형제는 비행기가 추락할 경우에 대비하여 절대로 형제가 함께 비행하지 않겠다고 아버지한테 약속했단다. 실험을 계속하려면 형제 중에 하나는 살아남아야 했으니까."

 "아, 그렇군요." 한나가 고개를 끄덕이며 말했다.

"**정**말 창피한 일이에요." 디그비가 외쳤다. "하지만 그때는 비행이 위험했나 봐요."

"요즘 같으면 그런 사고가 한 번만 일어나도 모든 게 중단되었을 거야." 러미지 할아버지가 말했다. "어쨌든 사업 문제가 쌓이자 라이트 형제는 완전히 녹초가 되어 버렸어. 게다가 그들은 이제 더 이상 최고의 비행기를 만들지도 못했지."

"걱정하느라 바빠서 발명할 시간이 없었던 거야." 폴록 아저씨가 말했다. "그러다가 1912년에 윌버가 장티푸스에 걸려서 죽고 말았단다."

"저런." 한나가 말했다. "가엾은 윌버. 그래서 오빌은 어떻게 했어요?"

"딱하게도 형이 죽은 뒤 오빌은 비행기 사업에 흥미를 잃었어. 그래서 회사를 팔고 다시 발명을 하기 시작했지."

"오빌한테는 잘된 일이군요." 한나가 말했다.

"오빌은 또 무얼 발명했나요?" 디그비가 물었다.

"오빌은 데이턴에 작은 연구실을 짓고, 흥미를 끄는 것은 무엇이든 연구했단다. 어린애들 장난감과 토스터를 만들었고, 유도 미사일까지 만들었지. 하지만 여전히 비행기도 만들었어."

"다행이군요." 디그비가 모형 글라이더를 집어 들며 말하더니 폴록 아저씨한테 동전 한 닢을 건네며 말을 이었다. "제가 살게요." 그러고는 누나에게 말했다. "나한테 정말로 멋진 아이디어가 있어. 눈에 보이지 않는 날개를 가진 비행기를 만드는 거야."

"아이고 맙소사……." 한나가 혀를 끌끌 차며 말했다.

성공 이야기

1916년에 오빌은 라이트 회사의 주식을 팔고, 자신의 명성을 이용하여 미국항공자문위원회 위원으로 임명되었어. 미국항공자문위원회는 나중에 미국항공우주국 '나사(NASA)'가 되었단다. 오빌은 항공학을 장려한 구겐하임 재단에도 이바지했단다. 오빌은 미국 해군자문위원회 위원 일을 하면서, 남는 시간에는 젊고 야심 있는 발명가들을 도왔어.

특기사항

오빌 라이트는 1948년 1월 30일에 죽었단다. 라이트 형제는 열한 권의 두꺼운 스크랩북을 남겼는데, 거기에는 신문 기사뿐 아니라 만화, 주빈으로 초대되었을 때 받은 휘장, 포스터, 전보, 항공우표까지 수집되어 있었어. 그들은 많은 일기장과 공책과 서류도 남겼단다. 이 자료는 그들이 최초의 동력 비행기를 어떻게 연구하고 발명했는지를 말해 주었단다.

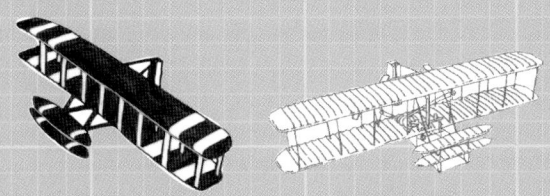 # 반론과 변론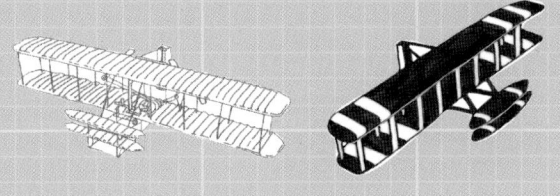

최초였는가?

라이트 형제가 최초의 비행기를 발명했다고 믿는 사람이 많지만, 모든 사람이 그렇게 확신하는 것은 아니다. 특허가 나올 때까지 라이트 형제가 발명품을 비밀에 부친 사실 때문에 의심을 품은 사람들도 있었다.

비행기는 정말로 날았는가?

라이트 형제의 초기 비행기가 이륙으로 여겨질 만큼 실제로 높이 날았는지에 대해 의문을 제기하는 사람들이 있다. 라이트 형제의 초기 비행기는 바람이 불어오는 쪽으로 날아올랐고, 이것이 비행기를 들어 올리는 데 도움을 주었다고 지적하는 것이다. 하지만 바람이 불어오는 쪽으로 이륙하는 것은 가장 안전한 방법이기 때문에, 곧 일반적인 항공기 조종법이 되었다.

복제 비행기가 날 수 있는가?

라이트 형제에게 불리한 또 다른 주장은 원래의 '라이트 플라이어'를 복제한 비행기가 날지 못한다는 것이다. 하지만 라이트 형제의 설계와 제작의 세부 내용을 실제로 정확히 아는 사람이 아무도 없기 때문에, 그 비행기를 복제하는 것은 불가능하다.

정말로 이륙이었는가?

키티호크 실험 이후 라이트 형제는 비행기가 더 빨리 이륙할 수 있도록 도와주는 일종의 발사기를 만들었다. 비행기가 혼자 힘으로 이륙하지 못하면 진짜 비행기로 볼 수 없다고 주장하는 사람들도 있다. 하지만 '플라이어 II'는 1904년에 발사기의 도움을 받지 않고 많은 비행을 했다.

'플라이어 II'가 시험 비행을 한 곳에서는 바퀴가 이륙을 도와주지 않았다. 그래서 라이트 형제는 이륙을 돕기 위해 처음에는 레일을 이용했고, 다음에는 발사기를 이용했다. 이 과정을 통해 그들은 믿을 만한 조종 장치를 발명했고, 더 빨리 진짜 비행(방향 전환, 선회 비행, 8자형 비행)을 할 수 있게 되었다.

공중을 실제로 난 최초의 비행기였는가?

라이트 형제의 비행기가 발명되기 전에도 공기보다 무거운 비행기가 하늘에 몇 번 떴을 것이다. 하지만 이 비행기들은 조종 장치가 없었다. 따라서 '라이트 플라이어'가 조종 장치, 동력원과 이륙 장치 같은 새로운 특징들을 결합한 최초의 비행기였다. 이 특징들은 나중에 등장한 비행기에 모두 포함되었다.

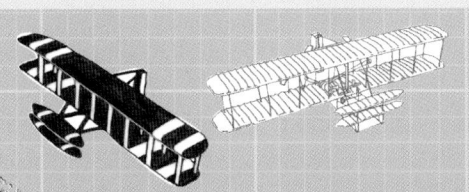  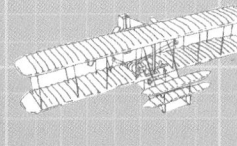 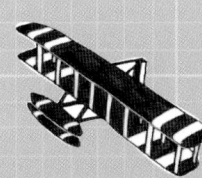 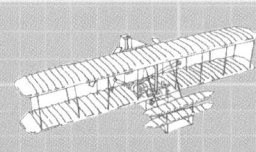

어휘 사전

- **가버너스 섬** : 뉴욕 자유의 여신상 바로 앞쪽에 있는 섬이에요.
- **격납고** : 비행기를 넣어 두거나 정비하는 건물이에요.
- **그랜트** : 미국의 제18대 대통령이에요. 남북 전쟁 때 북군의 총사령관이 되어 남군을 격파하고 전쟁을 끝냈어요. 1868년에 공화당 후보로 출마하여 대통령에 당선되었어요.
- **글라이더** : 비행기와 같은 고정 날개를 가진 항공기지만, 자체에 엔진과 프로펠러 같은 추진 장치를 가지고 있지 않고 바람의 에너지로 비행하는 항공기예요.
- **날개치기 비행기** : 새처럼 상하로 날갯짓을 해서 나는 초기 비행기로 하늘을 날고 싶던 옛날 사람들은 이런 방식으로 비행기를 설계하고 연구했어요.
- **단엽 글라이더** : 날개가 양쪽에 하나씩 있는 글라이더를 말해요.
- **르망** : 프랑스 서북부 사르트 강 근처의 상공업 도시예요.
- **모형** : 실물을 본떠서 만든 물건을 말해요.
- **발동기 비행기** : 기계적인 에너지인 동력을 일으키는 비행기예요.
- **수제 자전거** : 부품을 하나하나 골라 손으로 만든 자전거를 말해요.
- **에어쇼** : 비행기가 공중에서 펼쳐 보이는 곡예비행 따위를 이르는 말이에요.
- **오토 릴리엔탈** : 독일 항공의 개척자로 새의 비상 관찰을 기초로 하여, 1877년 첫 글라이더를 시험 제작, 1891년 처음으로 사람이 탈 수 있는 글라이더를 개발했어요.
- **옥타브 샤누트** : 프랑스 출생의 미국 항공기술자로 복엽식 비행기의 표준을 제시했어요.
- **집대성** : 여럿을 모아 짜임새 있게 정리하는 것이에요.
- **집배** : 지붕 모양의 덮개를 가진 배를 말해요.
- **착상** : 어떤 일이나 창작의 실마리가 되는 생각을 말해요.
- **코르크** : 코르크나무의 겉껍질과 속껍질 사이의 두껍고 탄력 있는 부분, 또는 그것을 잘게 잘라 가공한 것으로 보온재, 방음재의 재료 등 여러 곳에 쓰여요.
- **포뮬러** : 국제자동차연맹이 매년 발표하는 배기량, 규격, 타이어 등 경주용 자동차의 규격을 일컫는 말로, 자동차 경주만을 위해 제작되는 자동차이며 이런 자동차로 열리는 자동차 경주를 포뮬러 경주라고 해요.
- **풍동** : 인공으로 바람을 일으켜 기류가 물체에 미치는 작용이나 영향을 실험하는 터널 모양의 장치예요.
- **활공** : 비행기의 엔진 출력을 줄이거나 정지시킨 상태로 비행하는 것을 말해요.

찾아보기

자크 샤를 20
오토 릴리엔탈 18, 20, 24, 25, 27
조지 케일리 18, 21
옥타브 샤누트 24
새뮤얼 랭글리 24
포토맥 강 24
에어로드롬 24
스미스소니언 25

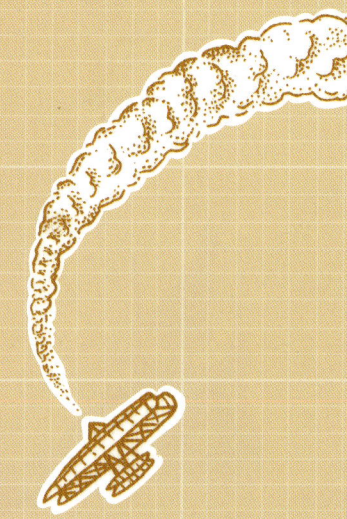

카벙클 대령
고물 지프차의 짐칸에 군복과 훈장, 깃발, 칼, 투구, 포탄, 방독면 따위를 진열해 놓고 판다.

프루
한나의 가장 친한 친구로 자기만의 생각에 빠질 때가 많다. 특히 분장하고 옷 갈아입는 걸 좋아해서 그런 일이 생기면 졸졸 따라다닌다.

켄조
이발사이며 다양한 옷차림에 어울리는 가발을 많이 갖고 있다. 이발 가위를 즐겨 사용한다.

버즈
마을의 온갖 소문을 알고 있다. 목에 건 나무 상자에 사탕과 빵을 담아서 길거리를 돌아다니며 판다.

새프런
예쁜 천막 밑에 이국적인 향신료 가게를 차려 놓고 냄비와 프라이팬, 허브, 향신료, 기름, 비누, 염료 따위를 판다.

빌지 부인
손수레를 밀고 시장을 돌아다니면서 쓰레기를 줍는다. 문제는 러미지 할아버지의 가게에 있는 물건을 쓰레기로 알고 내다 버린다는 것이다.

클럼프머거
희귀한 책들을 파는 서점 주인이다. 가게에는 옛 지도와 먼지 쌓인 책과 낡은 신문들이 가득하다.

제이크
디그비의 친구. 상상력이 뛰어나고, 언제나 짓궂은 장난을 칠 생각만 한다.

크리시
중고 옷가게 주인이다. 디그비와 한나가 러미지 할아버지의 이야기에 나오는 인물들을 연기할 때 필요한 옷들을 빌려 준다.

픽시
점쟁이 아가씨. 특이한 천막 안에서 향과 양초, 바르는 물약과 먹는 물약, 수정 구슬을 판다.

유세프
전 세계를 두루 여행했다. 흥미진진한 여행을 추억할 수 있는 기념품들이 가방 하나에 가득하다.

통합 교육 과정에 적합한
그레이트 피플

'위인'하면 보통 사람은 따라할 수 없는 업적이 떠오릅니다. 하지만 그레이트 피플 시리즈의 위인 이야기는 인물, 사건, 역사적 상황과 그에 관련된 재미있는 소품이 있습니다. 만물상 할아버지 가게에 있는 작은 물건에서 시작하여 위대한 역사 인물들의 풍부한 이야기가 펼쳐집니다.

풍부한 역사적 사건과 문화, 예술, 관련 인물이 담긴 역사 교양책!

20. 방정환의 잡지 중에서
4. 콜럼버스의 지도 중에서

러미지 만물상과 황학동 만물 시장을 배경으로 펼쳐지는 재미있는 캐릭터 동화!

23. 석주명의 포충망 중에서
1. 레오나르도 다빈치의 팔레트 중에서

통합 교육 과정

인물의 업적 뿐 아니라 진솔한 인간적 모습, 가치까지 전하는 제대로 된 인물이야기!

3. 클레오파트라의 동전 중에서

시대상을 보여주고 이해력을 돕는, 사진과 그림이 풍부한 지식 정보 그림책!

33. 이중섭의 은종이 그림 중에서

22. 넬슨 만델라의 바지 중에서
5. 모차르트의 가발 중에서